TOGE THÉÂTRE ÉDITEUR
Saguenay, QC, Canada
418-290-8018
www.togetheatre.com
togetheatre@gmail.com

Ce texte a été joué pour la première fois, en 2011, par des élèves de 6ème année de l'école Sainte-Bernadette de Chicoutimi. Cette pièce a été présentée dans le cadre de la journée régionale de pédopsychiatrie en introduction d'un colloque portant sur l'intimidation. Il était une fois l'intimidation s'adresse aux élèves du 3ème cycle du primaire et du premier cycle du secondaire. Cependant, elle a également été jouée par des étudiants au Baccalauréat en enseignement devant un public scolaire.

Texte : Sophie Torris
Année de création : 2011
Mise en page : TOGE
Impression : CreateSpace by Amazon

ISBN 978-2-924809-12-9 (br.)
ISBN 978-2-924809-14-3 (ePUB)
ISBN 978-2-924809-13-6 (PDF)

Dépôt légal : 2018
Bibliothèque nationale du Québec
Bibliothèque nationale du Canada

©Sophie Torris

Toute reproduction de cet ouvrage, même partielle, est interdite. Une licence de reproduction est obligatoire, au Québec avec Copibec, ou sur le site internet de l'éditeur. Les représentations publiques dans les écoles doivent être déclarées, et celles dans un cadre extrascolaire demande le consentement de l'auteur, puis une licence en bonne et due forme.

Tous droits réservés

Sophie Torris

IL ÉTAIT UNE FOIS L'INTIMIDATION

Théâtre pour adolescents

Droits d'auteur

NOTE IMPORTANTE
Pour présenter la pièce

Les droits d'auteur permettent la production d'œuvres originales à des prix compétitifs et soutiennent la création des écrivains.

Établissements scolaires du Québec
Vous êtes autorisés à utiliser le texte à des fins pédagogiques ou lors de répétitions dans un cadre scolaire. Cependant, si vous désirez présenter ce texte devant public, en totalité ou en partie, vous devez remplir un formulaire de *Déclaration de représentation* sur le site internet de la Société des Auteurs dramatiques (SOQAD). Grâce à une entente avec le Ministère de l'Éducation, aucun frais ne sera chargé à votre école, mais le formulaire permettra à l'auteur de toucher des droits. De plus, si vous désirez reproduire l'œuvre, vous devez le déclarer à l'organisme Copibec.

SOQAD : http://www.aqad.qc.ca/
COPIBEC : http://copibec.qc.ca

Organismes et compagnies privées, théâtre amateur, ou établissements scolaires hors-Québec
Vous n'êtes pas autorisés à présenter la pièce gratuitement devant public, ni à reproduire l'œuvre. Pour vous acquitter de ces droits, vous devez acheter une licence qui comprendra les droits de représentation et de reproduction. Cette licence est disponible sur le site internet de *Toge Théâtre*, sous la rubrique Droits d'auteur.
www.togetheatre.com

Aux docteurs Marc-Yves Leclercq, Annick Bernier et Catherine Chouinard, pédopsychiatres à Saguenay, qui, en m'accordant leur confiance, ont permis que des enfants s'expriment et s'expriment encore chaque année sur des sujets qui les concernent.

PERSONNAGES

Prof
Joyeux
Grincheux
Timide
Atchoum
Dormeur
Simplet
Yops

La pièce met en scène 8 nains, mais comme elle se déroule sur deux temps et multiplie les flash-backs, il est possible que deux enfants se partagent le même personnage.

MISE EN SITUATION

La pièce se déroule dans une forêt enchantée puisqu'elle met en scène des personnages de conte de fée. Le décor peut être très simple. Il s'agit de tendre contre le mur un grand tissu noir et d'y épingler diverses silhouettes d'arbres que l'enseignant(e) aura découpées au préalable et sur lesquels, les enfants ajouteront de la couleur (pour les résineux) ou colleront des morceaux de papier journal pour faire office d'écorce (pour les bouleaux).

La scène peut être agrémentée de quelques arbres en 3D. Il s'agit, ici, pour figurer le tronc, de fixer, sur un socle, un long cylindre creux que les enfants peuvent recouvrir de morceaux de papier journal et à l'intérieur duquel sont glissées quelques branches naturelles qui apparaissent ainsi au sommet de ce tronc improvisé. Deux grosses bûches ou souches d'arbre feront office de siège.

En guise de costumes, les sept nains portent un collant ou legging noir sous une longue chemise carreautée. Sous la chemise, un coussin figure une imposante bedaine, retenue par une large ceinture. Ils arborent tous une barbe blanche (à découper dans du coton épais) qu'il sera facile de fixer de chaque côté d'une tuque colorée. Il faudra veiller à ce qu'elle couvre le menton de l'enfant sans obstruer sa bouche.

Seul Timide exhibe un deuxième costume composé d'une chemise à pois et d'un chapeau à large bord. Quant à Yops, rappeur nain, il doit être très différent des autres et porter une tenue plus contemporaine : casquette à l'envers, petit bouc blanc, tee-shirt, jeans au bas des fesses et accessoires de mode.

Chacun des sept nains porte un seau rempli de pépites (papier aluminium froissé en boules) ainsi qu'un outil (lampes de mineur ou pioches). Pour compléter la liste des accessoires, il est possible d'utiliser deux classeurs sur lesquels on prendra soin de dessiner le logo d'Apple pour figurer deux ordinateurs portables.

L'ambiance sonore ajoute toujours à la représentation. Un extrait instrumental de hip hop ou de beatbox accompagne l'entrée de Yops. Pour le défilé de mode, la voix off peut-être celle de l'enseignant enregistrée sur une musique qui saura rythmer l'entrée de chacun des nains mannequins.

« *Le monde est dangereux à vivre! Non pas tant à cause de ceux qui font le mal, mais à cause de ceux qui regardent et laissent faire.* »

- Albert Einstein

Les sept nains, tuques colorées et chemises carreautées, entrent en se frayant un chemin à travers le public. Ils avancent à la queue leu leu en chantant à tue-tête et en saluant les spectateurs. Prof, en chef de file, tient devant lui, une lampe de mineur, tandis que les autres suivent, une pioche sur l'épaule. Tous portent un seau rempli de pépites d'or. Ils montent sur la scène et se placent en demi-cercle face au public.

TOUS *chantant*
Hey-ho, hey-ho, on rentre du boulot, hey-ho, hey-ho...

PROF
Hey, bonjour tout le monde! Vous nous reconnaissez?

TOUS
Nous sommes les sept nains!

JOYEUX
On est ici pour vous faire rire!

GRINCHEUX
Pour vous faire pleurer!

TIMIDE
Pour vous émouvoir!

ATCHOUM
Pour vous faire réfléchir!

DORMEUR
Pour vous apprendre!

SIMPLET
Vous allez voir, on va vous épater!

PROF
Bref, pour faire une histoire courte, chers amis, nous sommes très contents d'être avec vous aujourd'hui. Et puis, vous m'avez tout l'air d'être un public… chaleureux!

JOYEUX
Enthousiaste!

GRINCHEUX
Reconnaissant!

TIMIDE
Bienveillant!

ATCHOUM
Intéressé!

DORMEUR
Très à l'écoute!

SIMPLET
En faites, on vous aime bien!

PROF
C'est pour cela que, nous, les 7 nains (*chaque nain se nomme en saluant à sa manière : Prof, Joyeux, Grincheux, Timide, Atchoum, Dormeur, Simplet !*) avons décidé de vous accorder notre aide afin que vous compreniez bien le thème de cette pièce de théâtre.

TIMIDE
Oui et puis, pour tout vous dire, ... c'est moi le héros! Quand nous avons appris qu'il fallait vous parler de l'intimidation, on s'est dit que vous tireriez quelques bénéfices à écouter mon histoire.

JOYEUX
C'est que...il y a bien des choses que vous ne connaissez pas à notre sujet.

DORMEUR
On nous présente toujours comme une tripotée de nains ventrus, plutôt joviaux et sans histoire...Mais en vérité, nos différents parcours pourraient tous beaucoup vous intéresser.

ATCHOUM
Et bien, trêve de bavardage, je pense qu'il est temps de procéder à la démonstration!

PROF
Les nains... tous en coulisses! Et que le spectacle commence!

Les sept nains disparaissent derrière le décor et sur une musique de hip hop ou de beatbox, apparait un nain très contemporain, style rappeur, sans bedaine, casquette à l'envers, jean au bas des fesses, couvert d'accessoires à la mode, un long pinch à la place de la barbe usuelle.

YOPS *essayant de lire une carte routière*
Ça chill pas dans l'ghetto ces cartes routières là! (*Découvrant le public avec stupeur*) Yo, man, t'es qui toi? Qu'est-ce tu fais là? Tu peux m'aider? Qu'est-ce que t'as à me looker? Je cherche la mine des sept nains ou leur chaumière, ça f'ra l'affaire!

Entre Timide.

TIMIDE
La chaumière des 7 nains? Vous y êtes mon brave! (*Au public, en aparté*) Ça m'a tout l'air d'être un nain-trus…Jamais vu dans le coin.

YOPS *soulagé*
Enfin! Ça doit faire une semaine que je marche!

TIMIDE
Ça se voit bien que vous n'êtes pas d'ici! À qui ai-je l'honneur?

YOPS
Yops!

TIMIDE
Pardon?

YOPS
Yops!

TIMIDE
Vous allez bien? Vous avez du mal à digérer quelque chose?

YOPS
Yops, c'est mon p'tit nom man! C'est comme ça que je me faisais appeler dans le fond de ma mine en Rapmanie!

TIMIDE
Hé bien, quel bon vent vous amène jusqu'à nous, Yips?

YOPS
Yops, man!

TIMIDE
Yops man ...

YOPS
J'ai été muté! Plus assez pépites dans les mines de Rapmanie. On a coupé mon poste! Même pas l'droit à la riposte! J'ai été transféré ici, sans bonjour ni merci!

PROF *voix off*
Timide, Timide!

TIMIDE *répondant à prof*
Ouais, ouais, j'arrive! Une minute! (*Au nain Yops*) Ça n'a pas d'bon sens, du jour au lendemain, comme ça, vous avez perdu votre travail!

JOYEUX ET GRINCHEUX *voix off*
Timide! Timide! Faudrait que tu viennes, on a un p'tit problème!

TIMIDE *énervé*
Débrouillez-vous cinq minutes sans moi! Je suis occupé là! (*Au nain Yops*) Et le syndicat, il n'a rien pu faire?

YOPS
Y'ont pas levé le p'tit doigt, man!

ATCHOUM *voix off, éternuant*
Atchoum, atchoum, atchoum! Timide, j'ai mon allergie qui me reprend! Qu'est-ce que je fais?

TIMIDE *excédé*
C'est Dormeur qui a tes comprimés. Je ne peux pas avoir la paix deux minutes! Je suis o-ccu-pé! (*Au nain Yops*) Ils sont gentils, mais parfois un peu tannants. Bon alors, vous vous installez ici définitivement?

DORMEUR *apparaissant sur le côté de la scène*
Je les trouve plus!

TIMIDE
Quoi encore, qu'est-ce que t'as perdu?

DORMEUR
Les pilules d'Atchoum!

On entend éternuer plusieurs fois dans les coulisses.

TIMIDE
C'est pas vrai! Mais je t'avais dit d'y faire attention! On ne peut vraiment pas te faire confiance!

PROF *voix off*
Timide, Timide. Au secours!

Atchoum entre.

ATCHOUM
Atchouuuum...J'crois qu'il y a un gros problème avec Simplet!

Grincheux, Joyeux et Prof entrent en portant Simplet évanoui qu'ils allongent en avant-scène.

TIMIDE
Ne me dites pas qu'il a encore mangé de la pomme empoisonnée?

Les nains opinent tous de la tête, d'un air navré.

JOYEUX *suppliant*
Allez, Timide…Sois sympa!

TIMIDE
J'en ai assez. Ça fait trois fois cette semaine!

GRINCHEUX
Un p'tit bec de plus ou de moins, tu ne vas pas en faire un fromage!

TIMIDE
C'est la dernière fois!

LES NAINS
Promis, c'est la dernière fois!

Timide embrasse Simplet qui s'éveille, devant le regard ahuri du nain Yops.

SIMPLET
C'est qui lui?

TIMIDE
Yops!

TOUS LES NAINS
Yops?

YOPS
Yops man! C'est mon p'tit nom. J'suis rappeur nain, poète de demain. Et si j'fais de la rime, c'est pas pour la frime!

PROF *suspicieux*
Timide, on peut te parler deux minutes?

Les nains se regroupent et se mettent à chuchoter tandis que Yops, intrigué, reste à l'écart. Timide éclate de rire.

TIMIDE
Ha ha ha! Elle est vraiment bonne celle-là...Ils pensent que vous êtes la belle-mère de Blanche neige!

DORMEUR *vexé*
Arrête de te moquer Timide, c'est tout à fait crédible.

ATCHOUM
Elle aurait très bien pu décider de changer de costume pour nous surprendre!

YOPS
J'vous arrête là, man...Je n'suis pas votre belle mère, vous pouvez en être sûrs! (*Étonné*) Par contre, Timide...c'est vraiment ton nom?

TIMIDE
Ben oui...

YOPS *riant*
Dis donc, ils se sont un peu plantés tes parents quand ils t'ont baptisé...Timide, un nain comme toi, c'est vraiment n'importe quoi!

TIMIDE
En faites, c'est plutôt un surnom!

YOPS
Raconte, man!

LES AUTRES NAINS *gênés*
Ah, c'est une longue histoire!

PROF *gêné, puis quittant précipitamment la scène*
On ne va pas vous embêter avec ça!

JOYEUX *gêné, puis quittant précipitamment la scène*
Moi, j'ai comme un p'tit creux là, pas vous?

DORMEUR *gêné, puis quittant précipitamment la scène*
C'est l'heure de la sieste, non?

ATCHOUM *gêné, puis quittant précipitamment la scène*
Ah, je me souviens tout à coup où j'ai rangé mes pilules!

SIMPLET *gêné, puis quittant précipitamment la scène*
Moi aussi, je m'en souviens, je m'en souviens même très bien!

GRINCHEUX *gêné, puis quittant précipitamment la scène*
Atchoum, Atchoum! C'est parce que je crois que je…je vais en avoir besoin moi aussi! … des pilules! À plus tard!

YOPS
Et bien qu'est-ce que j'ai dit? On dirait qu'ils se sont enfuis. Qu'est-ce que c'est que cette galère, croient-ils encore que je suis leur belle mère? Ou c'est parce que je suis étranger, qu'on préfère me rejeter!

TIMIDE
Disons… qu'ils ont par le passé vécu une assez mauvaise expérience avec un étranger!

YOPS
Ne me dis pas, man, que je suis un nain désirable…J'ai nulle part où aller, je me sens découragé!

TIMIDE
Ce n'est pas vous qu'ils ont fui, c'est mon histoire…Ils ne sont pas très fiers de ce qu'il s'est passé quand je suis arrivé. Mais tirez-vous une

bûche, je vais tout vous raconter! On est là pour ça, laissez-moi me mettre en scène...

Le nain Yops s'assoit sur une bûche en avant-scène, côté cour.

TIMIDE
Avant que Blanche neige, sa belle-mère, son miroir et ses pommes véreuses ne viennent perturber notre tranquillité et ainsi nous propulser du jour au lendemain sous les feux de la rampe et bien, les sept nains n'étaient que six!

YOPS
Tu veux dire, man, que tu ne fais pas partie de leur famille?

TIMIDE
Vous avez bien compris, je suis ce qu'on appelle une pièce rapportée! Les six nains étaient donc tous cousins, vivant ensemble depuis l'enfance et travaillant à la mine dès que leurs parents purent les y envoyer sans que la DPJ ne les regarde d'un mauvais œil!

YOPS *surpris de voir Timide se déshabiller*
Qu'est-ce que tu fais là, man?

TIMIDE
Je change de costume. À l'époque, je n'avais pas encore adopté la tenue réglementaire de nain «type

Disney ». Elle ne s'imposait alors que pour les six nains d'origine.

Musique de défilé : Les nains entrent un à un en défilant comme des mannequins, pendant que Timide se change et enfile une chemise à pois et un chapeau à large bord.

VOIX OFF
Pour la saison automne hiver, le must de la collection Disney : le prêt à porter « nain ». Dans nos ateliers de haute couture, la chemise carreautée est un classique. Retenue sous la taille par une large ceinture de cuir de biquette, la chemise à base de bleu, de rouge ou de vert se porte naturellement sur un pantalon de coton noir. Nous vous offrons cette année un vaste échantillon de tuques, en laine polaire pour les grands froids, en côte de mailles pour les éventuelles chutes de roche dans la mine et en satin brodé pour les galas.

Les nains s'alignent face public, immobiles comme dans une image arrêtée.

TIMIDE
Bon...Ce que je te propose Yops, c'est de remonter dans le temps. C'est chose aisée puisque nous sommes dans un conte de fée. N'importe quelle poudre de perlimpinpin fera l'affaire! Dès que tu auras besoin d'éclaircissements, agite la clochette afin que l'enchantement cesse. Compris?

YOPS
Compris!

Timide descend dans le public afin de pouvoir arriver de loin. Les 6 autres nains vaquent à leurs occupations.

SIMPLET *apercevant Timide au loin*
Tiens, tiens, on dirait que nous allons avoir de la visite!

JOYEUX
Qui ça peut bien être?

GRINCHEUX
Encore un vendeur ou un démarcheur de je ne sais quoi!

ATCHOUM
Il a une allure bizarre. À mon avis, il n'est pas d'ici.

DORMEUR
Un étranger sans doute!

Timide monte sur la scène.

TIMIDE
Bonjour, vous êtes bien les 6 nains?

PROF
Et bien oui, ça se voit non? Aurait-on l'air des trois petits cochons?

Les 5 autres nains rient.

TIMIDE *avec un accent quelconque*
Veuillez m'excuser, j'aurais dû être plus perspicace. Je m'appelle Gérard…Je cherche du travail. On m'a dit que vous aviez besoin d'un mineur?

JOYEUX *se moquant*
Et vous avez de l'expérience monsieur Gérard le perspicace?

Les 5 autres nains rient.

TIMIDE
J'ai beaucoup lu sur le sujet et puis je suis prêt à tout faire, vous savez. J'ai vraiment besoin de travailler.

GRINCHEUX
Monsieur a beaucoup lu sur le sujet. (*En confidence aux autres*) Monsieur se croit sans doute plus intelligent que nous…Les nains à grand chapeau ont la grosse tête, c'est bien connu!

JOYEUX *se moquant*
Monsieur sait-il qu'il va devoir relever les manches de sa coquette chemise à pois?

Les 5 autres nains rient.

TIMIDE
Je vous en prie, prenez-moi au moins à l'essai. Je ferai de mon mieux. Vous ne serez pas déçu.

Yops fait tinter la clochette. Les six nains quittent la scène, laissant Timide et Yops ensemble.

YOPS
Franchement man, je ne comprends pas pourquoi tu les as laissés te parler comme ça? C'est pas ton genre!

TIMIDE
J'avais besoin d'être intégré. Tout était nouveau pour moi ici. Et puis il fallait coûte que coûte que je me trouve un endroit pour vivre.

YOPS
Alors, tu t'es «intimidé» volontairement?

TIMIDE
Oui, en quelques sortes.

YOPS
Toi t'es un gars bizarre, moi j'aurais cherché la bagarre. Ils se sont tous moqués de toi, de ton style, de ta chemise à pois.

TIMIDE
Je ne connaissais pas leur milieu de vie, leurs traditions. Je ne connaissais pas le travail de la mine.

YOPS
Moi, je trouve que se rabaisser comme tu l'as fait, c'est pas une solution. Je te le jure man, il n'est pas né celui qui me marchera sur les pieds!

TIMIDE
Pourtant Yops, je pense qu'il y a un bon usage de l'intimidation.

YOPS
Yo, mec, t'es complètement frappé! On te harcèle mais la vie est belle!

TIMIDE
Je te donne un exemple, tu vas comprendre. Imagine que tu rencontres le meilleur groupe de rappeurs au monde.

YOPS *excité*
Genre...Je rencontre Crawzy rapman?...C'est mon idole!

TIMIDE
Oui, tu rencontres Crawzy rapman. Ne penses-tu pas qu'il est sain et profitable que tu te sentes intimidé, que tu l'écoutes plus que tu ne parles afin de faire profit de ce qu'il va te dire ou te rapper.

YOPS
Je comprends...Tu veux dire qu'il est bon d'être « intimidé » devant quelqu'un dont tu as tout à apprendre.

TIMIDE
Oui, c'est ça...Bien sûr Crawzy rapman, lui n'a rien d'un intimidateur. C'est ton état d'ignorance, ton admiration pour ce rappeur qui déclenche chez toi cet état d'intimidation.

YOPS
Donc quand tu es arrivé ici, tu t'es intimidé volontairement pour apprendre.

TIMIDE
Oui. Sauf que comme tu l'as vu, mes amis ont abusé un peu de la situation. Mais laisse-moi t'en montrer un peu plus. C'était quelques jours après mon arrivée alors que nous remontions de la mine.

Yops agite la sonnette pour un nouveau flash back. Les sept nains entrent tour à tour, déposant leur seau lourd de pépites.

PROF
Quelle journée, je suis fourbu!

JOYEUX
Je suis moulu!

GRINCHEUX
Je suis éreinté!

ATCHOUM
Je suis harassé!

DORMEUR
Je suis flagada!

SIMPLET
Je suis...raplapla!

TIMIDE
Moi, ça va! J'ai bien aimé ma journée. Vous voulez que je vous fasse un p'tit massage de pied!

Tous ruminent dans leur coin.

GRINCHEUX
Il m'énerve à être toujours de bonne humeur celui-là.

PROF
Faut toujours qu'il pense différemment des autres!

Grincheux, sans que personne ne le voit, s'empare du seau de Timide pour en vider le contenu dans le sien.

JOYEUX *singeant Timide*
Vous voulez que je vous fasse un p'tit massage de pied! Pfff!

ATCHOUM *en colère*
Les pieds, il me les casse oui! Des massages, il en a déjà fait trois à Blanche Neige depuis qu'il est arrivé! (*Jaloux*) Elle est complètement pâmée notre princesse, c'est comme si on existait plus!

DORMEUR
Il me fatigue ce nain! Qu'il retourne d'où il vient!

SIMPLET
Qu'est-ce qu'il cherche? À devenir plus populaire que tout le monde. J'en ai assez!

GRINCHEUX
Hep Gérard, ça m'étonne pas que tu ne sois pas fatigué! Tu t'es tourné les pouces toute la journée!

TIMIDE
Pourquoi tu dis ça Grincheux? Je suis descendu à la mine avec vous!

Dormeur montre aux autres le contenu du sceau presque vide.

DORMEUR *moqueur*
Trois pépites...Quelle performance Gérard!

TIMIDE *surpris*
Mais...mais....non, j'vous jure, j'en...j'en avais un plein seau.

SIMPLET *accusateur*
Dis donc Gérard, tu ne vas quand même pas nous accuser de te les avoir volées, hein?

TIMIDE
Non, non...pas... pas du tout.. Ce n'est pas ce que j'ai voulu dire, mais...

TOUS *le défiant*
Mais quoi?

TIMIDE *humble*
Rien, rien... Je ferai mieux la prochaine fois.

PROF
Oui, sinon, on ne va pas pouvoir te garder avec nous! Une bouche de plus à nourrir, ça prend beaucoup plus de pépites que ça! Allez les nains, à la soupe!

Ils sortent tous sauf Timide et Grincheux.

GRINCHEUX
Je ne voudrais pas t'inquiéter mais tu sais, t'es peut-être pas fait pour être mineur. (*Montrant son seau débordant de pépites*) C'est ça qu'il faut que tu remontes tous les jours!

TIMIDE *épaté*
Tu as trouvé toutes ces pépites tout seul?

GRINCHEUX *prétentieux*
Évidemment et encore, je trouve que j'ai fait une petite journée!

TIMIDE
J... J'y arriverai moi aussi!

GRINCHEUX
Le problème, c'est que tu es petit, pas très costaud et puis j'ai bien vu que tu manquais un peu d'endurance.

TIMIDE
Ça ira mieux demain, c'est sûr!

GRINCHEUX *mielleux*
Écoute, on ne le dira pas aux autres mais je peux t'aider un peu si tu veux... à remplir ton seau.

TIMIDE *surpris*
Tu ferais ça pour moi ?

GRINCHEUX
Entre nains, on peut s'entraider non? En échange, tu me donnes ta chemise d'accord? Je la trouve vraiment très hot!

TIMIDE *heureux*
Bien sûr. Tiens, ça me fait plaisir!

Grincheux sort avec la chemise. Timide s'assoit un peu démoralisé.

TIMIDE *démoralisé*
Je n'y arriverai jamais. Un plein seau de pépites tous les jours? Il a sans doute raison, je ne suis pas assez fort.

Yops fait tinter la clochette.

YOPS *hors de lui*
Mais c'est vraiment dégueulasse! Ce Grincheux est en train de se payer ta tête!

TIMIDE
T'énerves pas Yops, je sais tout ça!

YOPS
Mais non, t'as rien vu, il a tout fait en douce! Il a versé tout ton seau de pépites dans le sien! Il se fiche complètement de toi. Et, toi, t'es qu'un nain-crédule et ce Grincheux est un nain-posteur, un nain- croyable menteur, un nain-pertinent, un nain-gras, un nain ...

TIMIDE
Un nain-timidateur...

YOPS
Oui, c'est ça un nain-timidateur. Et toi, tu te laisses intimider!

TIMIDE
Grincheux est en position de pouvoir par rapport à moi. Il sait que je n'ai personne autour de moi pour m'aider, que tout est nouveau, que je n'ai aucun repaire. Je suis une proie facile!

YOPS
Mais pourquoi fait-il ça? Il te fait croire qu'il est ton ami, mais il te dit que t'es petit, pas fort comme pour que tu perdes ta confiance en toi.

TIMIDE
C'est un genre de harcèlement verbal déguisé, tu as raison. (*Tout bas*) Mais chut, le revoilà! Écoute bien ce qui va suivre.

Yops fait tinter la clochette. De dos, les nains font face à Grincheux qui porte les vêtements de Timide.

GRINCHEUX *singeant l'accent de Timide*
Je m'appelle Gérard et j'ai beaucoup lu sur le sujet. Je suis un professionnel des massages de pied. Oh, mais quels ravissants orteils que voilà! (*Rire des nains, tandis que Timide apparaît côté jardin*). Mes chemises, vous les aimez? Ce sont des pois…parce que…parce que…J'aime les pois. Je suis moi-même un poids pour la société et…J'ai un p'tit pois à la place du cerveau. (*Rires des autres nains*).

Timide s'avance.

TIMIDE *blessé*
Mais…mais…Grincheux, qu… qu'est-ce que…

GRINCHEUX
Oh regardez, il baisse les yeux, il rougit, il est gêné, il a l'air bien embarrassé! Mais ne fais pas ton Timide Gérard! On va pas te manger! Ne sois pas Gérard Timide!

Les nains rient.

GRINCHEUX
Oh, il me semble que je viens de te trouver un joli sobriquet! Timide, ça te va à merveille!

TIMIDE
Mais, mais...non. Je m'appelle Gérard moi.

GRINCHEUX *cruel*
Allez les amis, tous avec moi : Timide! Timide! Timide!

TOUS
Timide! Timide! Timide!

Ils sortent.

GRINCHEUX *autoritaire*
Qu'est-ce que tu as à me regarder comme ça? Tu baisses les yeux quand tu me parles! Ça fait des années qu'on m'appelle Grincheux, pour une fois que je fais rire le monde! Je sens pour la première fois ce que c'est que d'être populaire et c'est grâce à toi... (*dédaigneux*) Timide!

Il sort et Yops fait tinter sa clochette.

YOPS *ébahi*
Je n'en reviens pas!

TIMIDE
Après cet épisode, j'ai commencé à avoir peur de Grincheux, peur qu'il me ridiculise à nouveau

devant les autres. Maux de ventre, maux de tête, nausées, cauchemars. J'ai commencé par avoir de moins en moins de résultats à la mine, je rentrais le seau souvent vide. Et puis j'ai fini par m'isoler de plus en plus. Je préférai briller par mon absence, que d'être constamment sous les projecteurs malfaisants de Grincheux.

YOPS
Parce qu'il a continué? Ça ne s'est pas passé qu'une seule fois?

TIMIDE
Je suis devenu son faire-valoir. Chaque nouvelle attaque, chaque nouvelle agression semblaient le rendre plus fort.

YOPS
Et les autres, ils n'ont rien fait? Ne me dis pas qu'ils ont continué à rire des mises en scène stupides de ce nain?

TIMIDE
Malheureusement, le groupe favorise l'intimidation. Grincheux construisait sa popularité sur cette relation de pouvoir. Et si certains commençaient à se rendre compte du mal qu'il me faisait, c'est comme s'ils s'étaient laissés, eux aussi, piéger dans cette relation de domination.

YOPS
Mais il ne fallait pas rester seul avec tes angoisses, avec ton stress, tu aurais dû chercher de l'aide afin que l'emprise cesse. Blanche Neige, elle aurait pu t'aider!

TIMIDE
Blanche Neige était sous une autre emprise, sous le charme de son prince.

YOPS
Mais alors comment tu t'en es sorti, man?

TIMIDE
J'ai été cherché un peu de réconfort sur le web.

YOPS
Tu t'es inscrit sur Face de nain book! Mais oui, les réseaux sociaux, ça a vraiment du bon! Je parie que tu t'y es fait des amis virtuels et que c'est comme ça que tu as repris confiance en toi.

TIMIDE
Pas tout à fait hélas! Je me suis inscrit en effet et je me suis fait quelques nouveaux amis. Mais écoute la suite de mon histoire.

Yops fait tinter la clochette. Timide est assis côté cour et Grincheux, entouré des autres nains est assis côté jardin. Tous les deux ont un ordinateur portable sur les genoux.

GRINCHEUX
Regardez, c'est bien lui. Gérard ! On le reconnait bien sur la photo.

DORMEUR
Tiens, il a quand même réussi à se faire 132 amis!

GRINCHEUX *dédaigneux*
Oui, mais derrière un écran, on peut faire croire n'importe quoi.

ATCHOUM *stupéfait*
Mais tu lui as fait une demande d'amitié et il t'a accepté?

GRINCHEUX
Je me suis fait passer pour quelqu'un d'autre bien sûr.

SIMPLET
Tu t'es inventé un nom ?

PROF
Et une adresse courriel?

JOYEUX
Il ne sait donc pas que c'est toi qui te cache derrière tout ça?

GRINCHEUX *fier*
Et bien non, et cela fait déjà un mois que nous sommes amis sur face de nain book.

DORMEUR *curieux*
Qu'est-ce qu'il raconte sur son mur?

ATCHOUM
Il parle de nous?

GRINCHEUX
Non pas vraiment. Par contre, nous clavardons.

SIMPLET *abasourdi*
Vous chattez tous les deux?

GRINCHEUX
Oui. Et je peux vous dire que j'en sais des choses sur lui.

TOUS LES AUTRES NAINS *excités*
Qu'est-ce qu'il t'a dit, qu'est-ce qu'il t'a dit?

GRINCHEUX
Oh, regardez, il vient juste de se connecter! Ça va prendre quelques secondes...

TIMIDE
Salut, comment tu vas?

PROF
C'est lui!

GRINCHEUX
Et toi, ça va mieux?

TIMIDE *déprimé*
Non, pas vraiment. Il continue de me ridiculiser devant les autres.

Les autres nains ne font plus qu'écouter et lire derrière l'épaule de Grincheux et au fur et à mesure de la conversation deviennent de plus en plus mal à l'aise.

GRINCHEUX *mielleux*
Pauvre toi. Tu sais que tu peux tout me dire. Je suis ton ami.

TIMIDE
Le pire moment de la journée, c'est quand je dois trouver le courage d'aller travailler, de descendre à la mine avec eux. Je sais que je vais devoir affronter les moqueries, les humiliations et parfois même les menaces.

GRINCHEUX *hypocrite*
Ça fait du bien de se confier. Je sens que tu en as besoin. Tu peux parler en toute confiance.

TIMIDE
Merci. Heureusement que tu es là. Si tu savais comme je me sens seul parfois. Pourquoi moi, pourquoi ça m'arrive à moi?

GRINCHEUX
Et tu ne l'as jamais dénoncé?

TIMIDE
J'ai bien trop peur des représailles. Et puis, qui pourrait me comprendre? Je risque de passer pour un pleurnichard, voilà tout. Je me sens tellement...

GRINCHEUX
Impuissant?

TIMIDE
Oui! Je ne peux rien faire, seulement subir. Subir non seulement son harcèlement mais également le rire des autres. (*À bout de force*) Qu'est-ce qu'ils ont tous contre moi? Pourquoi moi?

GRINCHEUX *pour lui-même*
Attends un peu, mon Timide, t'as pas tout vu. C'est maintenant que l'on va commencer à s'amuser. (*Aux autres nains*) On va rire les gars. Vous allez me trouver super hot!

PROF INQUIET
Qu'est-ce que tu vas faire, Grincheux?

GRINCHEUX
Je vais aller sur son mur, là où ces 131 autres amis lisent ses commentaires.

JOYEUX
Tu vas écrire quelque chose sur son mur?

SIMPLET *troublé*
C'est peut-être pas une bonne idée.

DORMEUR *embarrassé*
Tu vas peut-être un peu trop loin, non?

ATCHOUM
Il a vraiment l'air d'aller mal.

GRINCHEUX
Vous êtes en train de vous laisser influencer. Vous savez pourtant qu'il parle bien Gérard, le perspicace. Ce ne sont que des mots tout ça et vous vous êtes bien amusés jusqu'à maintenant.

JOYEUX
C'est sûr, on s'est bien amusé, mais...

GRINCHEUX
On s'en fait une p'tite dernière, juste pour le fun!

TOUS *hésitant*
Bon d'accord, mais c'est vraiment la dernière.

GRINCHEUX
Mais oui...alors voyons, qu'est-ce que je vais écrire? Gérard ne s'appelle pas vraiment Gérard. C'est le nom qu'il se donne pour paraître intelligent. Son vrai nom c'est Timide! Timide est un froussard! Et surtout, il croit tout ce qu'on lui dit. Tu t'es fait avoir Timide! Devine qui je suis?

PROF *paniqué*
Non, tu ne peux pas envoyer ça!

GRINCHEUX *cruel*
Trop tard!

Timide reçoit le message.

TIMIDE *lisant*
Gérard ne s'appelle pas vraiment Gérard. C'est le nom qu'il se donne pour paraître intelligent. Son vrai nom, c'est Timide! Timide est un froussard! Et surtout, il croit tout ce qu'on lui dit! Tu t'es fait avoir Timide! Devine qui je suis? (*Cessant de lire, abasourdi et meutri*) Grincheux, c'est Grincheux! Mais alors...alors, ça veut dire que c'est à mon agresseur que je me confie depuis plus d'un mois!

Grincheux rit, mais il rit seul cette fois-ci.

TIMIDE
Et tous mes amis Face de nain book sont en train de lire ça! Pourquoi moi? Pourquoi ça m'arrive à moi?

Yops fait tinter la clochette et les autres nains figent.

YOPS *révolté*
Stop, mais c'est insupportable ton histoire! Ça, c'est de la cyberintimidation! Ce sont des coups qu'il te donne même si c'est sur un mur virtuel. Faire courir des fausses rumeurs, c'est de l'intimidation! Mais c'est quoi la prochaine étape? T'attends quoi, qu'il te frappe?

TIMIDE
Je crois que ça aurait fait moins mal. Cette trahison sur Face de nain book m'a, au début, vraiment anéanti.

YOPS
Je comprends! La cyberintimidation peut frapper n'importe quand, n'importe où. Grincheux ne s'est pas contenté de t'intimider au travail, il est venu jusque chez toi, dans ton intimité. Assez de subterfuge! Il t'a privé de tous tes refuges!

TIMIDE
C'est ce qui m'a fait réagir. Ça ne pouvait plus durer. Il était en train de ruiner ma vie. Alors j'ai pris mon courage à deux mains, décidé à le confronter. En arrivant, j'ai entendu les autres nains défendre ma cause et j'ai retrouvé un peu de confiance en moi.

Yops fait tinter la clochette pour assister à la conclusion.

PROF
On ne peut pas continuer comme ça!

JOYEUX
Il a l'air vraiment malheureux!

DORMEUR
Vraiment seul!

ATCHOUM
Il a vraiment l'air de souffrir!

SIMPLET
Et c'est à cause de nous!

TOUS SAUF GRINCHEUX
À cause de nous!

ATCHOUM
Moi, je ne veux pas être responsable de quelque chose de plus grave.

SIMPLET
Et c'est ce qu'il va arriver si nous continuons.

TIMIDE *avec assurance*
Non rien de grave n'arrivera, parce que j'ai décidé de ne plus me laisser faire. Pour vaincre cette intimidation, j'ai décidé d'en parler, de vous en parler.

JOYEUX *gêné*
On s'excuse Timide! On a vraiment été trop loin!

DORMEUR
On a juste voulu se moquer un peu de tes différences!

PROF
On ne s'est pas rendu compte que nos taquineries sont vite devenues cruelles.

ATCHOUM *accusateur*
C'est la faute de Grincheux, c'est lui qui nous a entraîné!

SIMPLE
En ne disant rien, en ne faisant rien, nous avons aussi été complices!

TIMIDE
Et toi Grincheux, que penses-tu de tout cela?

GRINCHEUX
Je les faisais rire. C'est vrai, vous me trouviez hot! Je me sentais intéressant pour une fois. Il suffisait juste que je te bouscule un peu, que je t'embête et je récoltais tous les profits. Finis les critiques : « Grincheux, tu râles tout le temps, Grincheux, t'es vraiment pénible. Grincheux, t'es toujours de mauvaise humeur. » J'avais enfin un public qui me supportait!

Yops fait tinter la clochette.

YOPS
Je vous arrête. J'ai tout compris. (*Montrant le public*) Ils ont tout compris aussi d'ailleurs! La démonstration était parfaite, n'est-ce pas? Ce n'est pas la peine d'aller plus loin. Grincheux est devenu intimidateur parce qu'il vivait lui-même un sentiment de frustration, qu'il s'est lui-même fait intimider. C'est en s'attaquant à plus faible que lui qu'il a pu retrouver une position de pouvoir.

JOYEUX
Très perspicace ce Yops! Vous avez compris tout cela beaucoup plus vite que nous.

GRINCHEUX
Dès que les autres nains ont cessé de me supporter, dès que j'ai compris que je faisais vivre à Timide ce que j'avais moi-même vécu, j'ai tout de suite cessé de l'intimider. On a décidé de garder nos surnoms en souvenir de cette histoire.

YOPS
J'ai une confidence à vous faire. Je ne m'appelle pas vraiment Yops. Mais dans un monde de rappeurs, s'appeler Charles-Édouard de Montmorency, c'est impossible.

TOUS *un sourire en coin*
Tu t'appelles Charles-Edouard de Montmorency?

YOPS
Oui. Avec un nom pareil, j'étais sûr de me faire ridiculiser!

DORMEUR
C'est toujours la même histoire et ceci depuis la nuit des temps. Ce n'est pas facile d'être différent!

SIMPLET
Ce qu'il faut se rentrer dans le ciboulot, c'est qu'on est tous différents parce qu'on est uniques!

ATCHOUM
Tu as raison Simplet. On est unique et c'est ça qui fait notre richesse.

YOPS
Voilà la première chose à faire pour lutter contre l'intimidation : travailler pour que chacun ait une bonne estime de soi! Bon, allez, vous pouvez m'appeler Charles-Ed. Je pense qu'il est temps que je m'assume! (Rappant) Yo! Je suis pas n'importe qui, je n'dis pas n'importe quoi, écoutez bien c'que j'dis, l'important c'est de croire en soi!

TOUS *rappant*
On n'est pas n'importe qui, on n'dit pas n'importe quoi, l'intimidation passera pas par nous, parce qu'on est fiers et qu'on se tient debout! Ha !

Besoin d'un autre format
(PDF ou EPUB)
pour cet ouvrage ?

Vous voulez adapter la distribution pour le bon nombre de garçons et de filles ?

Contactez-nous en nous envoyant votre facture pour avoir un format différent GRATUITEMENT.

www.togetheatre.com
ou
togetheatre@gmail.com

ANNEXES

DISCUSSION PHILOSOPHIQUE SUR LE THÈME DE L'INTIMIDATION

Avant de faire découvrir aux élèves la pièce *Il était un fois l'intimidation,* une discussion à saveur philosophique peut être menée sur ce thème.

Voici un plan de discussion pour l'enseignant(e) qui peut aider la prise de parole enfantine et adolescente et mener à une belle réflexion collective.

- Y a-t-il une différence entre taquiner et intimider ? Peux-tu définir chacun de ces deux termes ?
- Y a-t-il différentes manières d'intimider ?
- Existe-t-il des personnes qui se font plus souvent intimider que d'autres ? Pourquoi ?
- Faire le portrait de la victime, donner les caractéristiques d'un intimidé potentiel.
- Pourquoi ne se défend-t-on pas quand on est intimidé ?
- Comment peut-on devenir si l'intimidation persiste ?

***

- Pour quelles raisons, on décide d'intimider?
- Faire le portrait et donner les caractéristiques d'un intimidateur.
- Qu'est-ce que le harcèlement ?
- Comment peut-on se défendre contre le harcèlement ?
- Qui peut t'aider ?

***

- Qu'est-ce que le respect ?
- Comment te sens-tu quand on te manque de respect ?
- Comment renforcer le respect de soi ?

***

- Que peux-tu faire si tu es spectateur d'une intimidation ?
- En général, comment réagit un groupe témoin d'une intimidation ?
- Que peut devenir un intimidateur adulte ?

***

- Est-ce que les rumeurs sont des formes d'intimidation ?

EXERCICES DE THÉÂTRE

POUR FAIRE CONNAISSANCE

Placer les élèves en cercle.

A fait un geste en disant son prénom, le reste du groupe répète en chœur le prénom et le geste initié par A. Le scénario se répète ainsi autant de fois qu'il y a d'enfants. On veillera à ce que chaque élève propose un geste différent de façon à ce que chaque partie du corps soit appréhendé pendant l'exercice.

POUR SE SENSIBILISER À L'ESPACE DRAMATIQUE

Utiliser du ruban adhésif de couleur pour délimiter sur le sol les différentes aires de jeu. Séparer tout d'abord l'espace « scène » de l'espace « public ». (*Il est important que l'enfant saisisse l'importance d'être toujours vu du public*). Identifier ensuite le côté cour et le côté jardin, ainsi que les coulisses (*C'est le seul espace où l'enfant peut quitter son rôle*). Enfin, identifier l'avant-scène et l'arrière-scène.

Les élèves se dispersent dans le local et à chaque fois que l'enseignant nomme une des aires de jeu, ils se déplacent dans la zone adéquate.

POUR RÉCHAUFFER SON CORPS

Les élèves se dispersent dans la classe et marchent tranquillement. Au signal sonore (sifflet ou tambourin), ils s'arrêtent et écoutent la consigne. L'enseignant nomme une émotion qui inspire une pause qu'ils doivent tenir, immobiles, pendant quelques instants. Il sera intéressant de leur faire prendre conscience de toute l'amplitude corporelle et des possibilités différentes de montrer une même émotion. L'exercice peut être fait par la moitié de la classe pendant que l'autre moitié observe. Évidemment, toutes les émotions sont prétextes à exploration.

POUR APPRIVOISER ET ÉCOUTER L'AUTRE

Placer les élèves deux par deux et face à face. A initie un mouvement au ralenti que B suit le plus simultanément possible comme s'il était le reflet d'un miroir. Puis, permuter les rôles.

Les élèves se dispersent dans la classe et au mot contact doivent se rapprocher en unissant les parties du corps sollicitées tout en continuant de marcher. Ex : Contact-mains, contact-épaules, contact- pieds, contact-têtes, contact-dos, contact-fesses, etc. L'exercice peut se faire en binôme mais on peut également demander des regroupements de 3, 4 élèves ou plus.

POUR RÉCHAUFFER SA VOIX

Le travail de la voix est complexe. Il s'agit d'apprendre aux élèves à articuler, à projeter et à mettre de l'intonation.

POUR L'ARTICULATION

On peut avoir recours à tous un tas de vire-langues que l'on trouvera aisément sur le net. En voici quelques-uns :

- La grosse cloche sonne
- Papier, panier, piano
- Cinq chiens chassent six chats
- Douze douches douces
- Une toute petite pépite
- Un plat plein de pâtes
- En haut la banane et en bas l'ananas
- Croque quatre crevettes crues, etc.

POUR LA PROJECTION

On place les élèves 2 par 2 et face à face avec la consigne de répéter une phrase ou un mot de plus en plus fort au fur et à mesure qu'ils s'éloignent l'un de l'autre. On veillera à leur expliquer que la voix doit partir du diaphragme et non torturer les cordes vocales. Chaque enfant peut expulser quelques « ha! » en posant sa main sur son ventre pour vérifier si son diaphragme est bien stimulé.

POUR L'INTONATION

On place 6 élèves sur la scène. Les autres observent assis dans l'espace réservé au public. On distribue un mot à chacun des 6 élèves. Ex : « Prends, donne, jamais, j'en veux pas, moi non plus, et puis zut! » L'enseignant énonce une émotion (joie, colère, tristesse, gêne, peur, méfiance, fierté, dégout, etc.) qui donnera sa couleur à chaque mot. Les 6 élèves peuvent prendre la parole tour à tour ou l'enseignant peut désigner un élève à la fois. L'idée est de jouer avec le rythme, la progression, l'exagération de l'émotion.

POUR METTRE À PROFIT TOUS CES RÉCHAUFFEMENTS

A se place sur la scène et fige un mouvement ou une émotion. Au signal de l'enseignant, il ajoute une réplique en lien avec sa posture. B vient s'ajouter au tableau en figeant un nouveau mouvement qui soit en lien avec celui de A et qui fasse avancer l'histoire. Au signal de l'enseignant, A toujours immobile, répète sa réplique de manière identique et B ajoute la sienne. L'exercice peut continuer jusqu'à ce que tous les élèves de la classe se soient positionnés et aient ajouté leur réplique. Le résultat est une photographie qui met en scène plusieurs personnages dont le mouvement semble suspendu.

POUR RÉCHAUFFER SA CRÉATIVITÉ

Placer les élèves en cercle. Tour à tour, chaque élève vient au centre du cercle et utilise un spaghetti de piscine dont il doit détourner la fonction. L'élève s'aide d'une démarche, d'une attitude, d'une gestuelle pour figurer un nouvel objet sous les traits du spaghetti.

PISTES POUR L'ÉVALUATION[1]
Exercices et pièce de théâtre

- ✓ Richesse du vocabulaire
- ✓ Créativité lexicale
- ✓ Rythme, débit et volume de la voix
- ✓ Intonation
- ✓ Écoute active
- ✓ Ajuster son écoute
- ✓ Participation
- ✓ Démarche et posture
- ✓ Refléter le sentiment perçu
- ✓ Articulation et prononciation
- ✓ Intervenir au bon moment
- ✓ Constater ses progrès et son niveau d'aisance
- ✓ Résoudre le bris de communication s'il y a lieu
- ✓ Enchaîner les idées
- ✓ Se centrer ou se recentrer sur le thème
- ✓ S'adresser à différents interlocuteurs

---

[1] Selon la Progression des apprentissages du Ministère de l'Éducation du Québec

TABLE DES MATIÈRES

Personnages	9
Mise en situation	11
Il était une fois l'intimidation	15
ANNEXES	
Discussion philosophique	57
Exercices de théâtre	59
Pistes pour l'évaluation	65

REMERCIEMENTS

Merci à Zoé, Tom, Lou, mes enfants à moi, ma toute première inspiration.

Merci aux centaines d'élèves qui colorent, chaque année, mon écriture. Cette pièce, comme toutes les autres, est née de ma rencontre avec leurs idées, leurs univers, leur fantaisie.

Merci aux enseignants de l'école Sainte Bernadette de Chicoutimi, fidèles à mon école buissonnière depuis plus de 15 ans.

Enfin, merci infiniment à Keven Girard, à qui je dois d'être là, sous vos yeux.

L'AUTEURE

Sophie Torris est québécoise d'adoption. Elle quitte le nord de la France en 1996 pour s'installer à Montréal, puis suit sa voix jusqu'à Chicoutimi. C'est là que naissent ces premiers mots dramatiques. Elle enseigne le théâtre et la littérature dans les écoles primaires, au cegep et à l'université. Elle se nourrit essentiellement de l'imagination des enfants pour écrire ses pièces de théâtre. Si les univers qu'elles invitent sur scène ont de la couleur et de la fantaisie, ses textes n'en sont pas moins intelligents et humoristiques.

Jouant sur le double sens des mots, elle offre ainsi plusieurs clés d'accès, séduisant tout autant les acteurs en herbe que leur public souvent adulte. Parallèlement à sa pratique professionnelle, elle publie des Balbutiements chroniques sur le blogue *Le chat qui louche* et participe régulièrement aux chics soirées de slam-poésie du Saguenay Lac-St-Jean.

Blogue : https://maykan.wordpress.com

DE LA MÊME AUTEURE
Chez Toge Théâtre

Tout-petits

Y'a pas de lézard, 2017

Enfants

La bibliothèque en folie, 2018
Les méchants en ont assez, 2018

D'AUTRES TITRES
Chez TOGE Théâtre

Tout-petits 4 à 7 ans

La boîte à surprise, Keven Girard
Y'a pas de lézard, Sophie Torris
Les petits princes, Keven Girard

Enfants 8 à 12 ans

Antique Story, Keven Girard
Légendes à la source, Keven Girard
Sacré Charlemagne, Keven Girard
La bibliothèque en folie, Sophie Torris
Les méchants en ont assez, Sophie Torris

Adolescents 13 à 17 ans

En attendant le gars d'en haut, Keven Girard
Il était une fois l'intimidation, Sophie Torris
La mélodie maudite, Keven Girard

Adultes 18 ans et plus

Des couteaux sur un ballon bleu, Keven Girard

Certains titres sont à venir.
Visitez notre site web au www.togetheatre.com

EXTRAITS D'OUVRAGES POUR LES ADOLESCENTS
13 à 17 ans

ToGe
théâtre

EN ATTENDANT LE GARS D'EN HAUT
Keven Girard

BUZZÉ *ouvrant une boîte*
Vous avez commandé de l'eau. La voici. Prenez garde. Pour ici, c'est de l'eau de là. Le paradis sur mer. *(un temps)* Comment vous appelez-vous ? Voici Lucky. Comment vous appelez-vous ? Voici Luke. Comme vous appelez-vous ? Voici Skywalker. Comment vous appelez-vous ?

LUCKY
Lucky.

LUKE
Luke.

SKYWALKER
Skywalker.

BUZZÉ
Qu'attendez-vous ?

ESTURGEON
Le gars d'en-haut.

BUZZÉ
À quoi ressemble-t-il ?

PERCHAUDIÈRE
Il habite l'appartement au-dessus

PARMESAN
Nous ne pouvons le voir à travers la fenêtre, puisqu'il habite dans un demi-sous-sol.

ESTURGEON
Pourtant, il ne sort jamais de son trois et demie à notre droite.

BUZZÉ
Vous dites qu'il habite une maison en banlieue de Montréal ?

Parmesan, Perchaudière et Esturgeon hoche de la tête.

PARMESAN
Il est plutôt grand.

BUZZÉ
Pourquoi l'attendez-vous ?

VLADIMIR
Pour qu'il récupère cet objet …

Il sort un pistolet et tire par inadvertance. Hubert Saint sort et meurt sur scène.

HUBERT SAINT
Je suis mort. Comme un petit poulet. Poc poc ! Poc poc !

BUZZÉ *en pointant Lucky, Luke et Skywalker*
Vous voulez les entendre penser ? Ils pensent joliment bien.

ESTURGEON
D'accord.

BUZZÉ
Pensez Lucky, Luke, Skywalker. Pensez !

Lucky, Luke et Skywalker se préparent et se tiennent bien droits.

LUCKY
Les bretzels se cachent en groupe pour japper des mots confus qui s'oublient en écoutant du Céline Dion aux trois piments.

LUKE
Parce que les confitures de croque-mort sont les poubelles d'une prison de tortues volantes à carapaces en feu.

SKYWALKER
J'ai peut-être fait des flatulences au pet shop, mais je pense que la sauce tomate est aussi à point qu'une trappe à souris enragée.

LUCKY
Pain.

SKYWALKER
Pâtes.

LUKE
Patates.

[...]

SKYWALKER
Luke, je suis ton père.

LUKE
R2D2, dentier, dattes et dodues dodos.

LUCKY
On fait quoi Jo ?

ESTURGEON
Que vous pensez bien !

PARMESAN
J'ai rien compris.

BUZZÉ
Décidément, je préfère lorsqu'ils me racontent une saison complète d'une série ringarde.

Lucky, Luke et Skywalker se couchent. Un temps.

BUZZÉ
Allons ! Ne soyez pas étranges et aidez-moi à les coucher.

Origan, Perchaudière et Vladimir aident les autres à se relever.

BUZZÉ
Qui pue ?

VLADIMIR
Moi je pue de la poitrine, Estragon pue des cuisses.

PERCHAUDIÈRE
Ça sent la salade de choux.

ORIGAN
La crémeuse !

BUZZÉ
Sauce certaine, je ne reste pas une minute de plus.

La suite au
www.togetheatre.com

LA MÉLODIE MAUDITE
Keven Girard

LAURIE
Jordan a disparu.

ALEXIS
On ne l'a pas revu depuis des lustres.

FÉLIX
On a pourtant participé aux recherches avec les policiers.

THOMAS
On a cherché partout, on l'a jamais retrouvé.

ANTOINE
Paraîtrait qu'on l'aurait enlevé.

ALEXIS
À l'heure qu'il est, il est peut-être caché quelque part, dans une pièce sombre et malpropre.

THOMAS
Sans fenêtre, avec seulement une lumière qui passe à travers les murs craquelés.

FÉLIX
À entendre le souffle de sa propre respiration.

CAROLANNE
Et son cœur qui bat.

Bruit de battements de cœur.

ANTOINE
Il se demande sûrement où sont ses amis.

JORDAN
Zoé ? Oli ? Venez me sauver …

ANTOINE
Il les croit peut-être morts.

JORDAN
Non ! Non ! Ils sont vivants !

FÉLIX
Il fait peut-être les cent pas dans sa cage.

THOMAS
Il entend peut-être des sons, des cris, des hurlements.

ALEXIS
Ou le son d'une goutte qui frappe le sol à chaque seconde.

TOUS
Ploc ! Ploc ! Ploc !

Un temps.

THOMAS
Peut-être qu'il a réussi à trouver une brèche dans le mur ?

CAROLANNE
Peut-être qu'il a réussi à creuser un trou ?

ALEXIS
Peut-être qu'il s'est sauvé ?

LAURIE
Peut-être qu'il ne s'est plus où il est ? Qu'il court, sans s'arrêter, pour se sauver d'un gardien.

FÉLIX
Peut-être qu'il entre dans une pièce sombre.

LAURIE
Qu'il allume la lumière.

THOMAS
Qu'il entend une musique.

Musique pop.

ALEXIS
Qu'un gaz s'échappe.

THOMAS
Qu'il hallucine !

David, Simon et Léo entrent. Ils lui tournent autour.

LÉO
T'as pas fait tes devoirs Jordan.

SIMON
C'est pas gentil ça. C'est même très méchant.

DAVID
On va devoir punir. Tu vas devoir subir les conséquences de tes actes.

JORDAN
Vous êtes pas réels. Vous êtes pas vrais.

LÉO
Va falloir que tu copies.

SIMON
Des centaines et des centaines de fois !

DAVID
Je suis parfaitement stupide et ne désobéirai plus jamais à mon professeur.

JORDAN
Non ! Non !

LÉO
Copie, sans t'arrêter.

SIMON
Encore et encore. Jusqu'à ce que ta main engourdisse.

DAVID
Jusqu'à ce que ta main se torde de douleurs.

JORDAN
Il faut que je sorte d'ici. Rien n'est réel dans cette pièce. C'est un vrai cauchemar.

La suite au
www.togetheatre.com

EXTRAITS D'OUVRAGES PAR SOPHIE TORRIS

ToGe
théâtre

LA BIBLIOTHÈQUE EN FOLIE
8-12 ans

Le décor représente une bibliothèque municipale tapissée de grands rayonnages. Un coin lecture est aménagé en avant-scène. Quelques livres se tiennent serrés les uns contre les autres devant le rayonnage du fond. Entre timidement un nouveau livre.

TABLEAU 1

LE CAMPING POUR LES NULS
Euh... Bonjour... c'est bien la bibliothèque municipale ici?

À LA DECOUVERTE DES INDES *entre deux quintes de toux*
Ah ça, jeune homme, mais referme donc cette porte! Tu verras quand tu auras mon âge : tu craindras peut-être toi aussi les courants d'air... *(Il se remet à tousser de plus belle, en se tapant sur la poitrine, ce qui a pour effet de soulever des nuages de poussière.)* Ah la la, ce n'est pas croyable... *(Il continue de tousser)*

TRAITE DE BONNES MANIERES
Mon cher voisin, je vous serais obligé de garder votre poussière pour vous! Sauf votre respect, je suis un livre de bonnes manières moi! Et je ne tiens

nullement à me transformer en un quelconque grimoire de vulgaire fond de grenier. *(Il s'arrange, se recoiffe consciencieusement).* Et puis que diraient mes lecteurs si je me mettais à me négliger? *(Interpellant Le camping pour les nuls)* Quant à vous jeune homme, vous eussiez dû, ce me semble, frapper avant d'entrer. Le bon usage eût également exigé que vous saluassiez puis que vous vous présentassiez après avoir obtenu la permission d'entrer.

LE CAMPING POUR LES NULS *bafouillant*
Euh... Bonjour!... Bonjour à tous!... Je m'excuse....

TRAITE DE BONNES MANIERES
Fi donc, l'horrible animal! Le voilà qu'il s'excuse lui-même à présent! Décidément, jeune homme, votre éducation laisse bien à désirer. Apprenez qu'on ne dit pas : « je m'excuse », car s'excuser soi-même serait à la fois prétentieux et déplacé. On dit : « je vous prie de m'excuser ». Fichtre, quelle éducation!

LE CAMPING POUR LES NULS
Je vous prie de m'excuser....mais c'est l'pââtron qui m'a dit de v'nir icitte. Il m'a acheté à la librairie cet aprem ...Enfin il m'a dit de me trouver une p'tite place dans la bibliothèque. Je m'intitule : le camping pour les nuls et...

TRAITE DE BONNES MANIERES *l'imitant*
« C'est l'pââtron qui m'a dit de v'nir icitte...l'pââtron qui m'a dit de v'nir icitte...» Diantre, mon pauvre ami, quel langage! Quelle façon vulgaire de vous exprimer! Je ne sais pas moi...Vous eussiez dû dire : « C'est monsieur notre maître qui m'a prié de venir ici.... » ou ce qui eût été à tout prendre préférable : « Je viens ici à l'invitation de notre maître. »

À la découverte des Indes qui s'est endormi depuis un moment, se met à ronfler bruyamment.

TRAITE DE BONNES MANIERES
Allons bon, voilà que ça le reprend!

La suite au www.togetheatre.com

Y'A PAS DE LÉZARD
4-7 ans

Les deux opossums se sont endormis. On les devine, dans la pénombre, ils sont suspendus comme à leur habitude, la queue enroulée à la plus grosse branche du bouleau et la tête en bas. Ils ronflent. Entre Gros Minet, un chat dodu, en chasse et reniflant de ci, de là.

GROS MINET
Ça sent la chair fraîche ici ! Appelons un chat un chat, ça sent trop bon la souris ! *(Appelant ses comparses)* Hey Garfield ! Kit Kat ! Pssst ! Pssst ! Vous venez ?

KIT KAT (*entre en baillant, la démarche titubante*)
Ouais, ouais, on arrive. Wooo, minute papillon !

GARFIELD (*entre à son tour*)
Il fait drôlement noir ici !

GROS MINET
Évidemment, on est en pleine nuit ! Allez... Arrêtez de bailler aux corneilles et aidez-moi à trouver cette souris !

Les chats cherchent à tâtons et Garfield et Kit Kat attrapent Gros Minet.

GARFIELD
Je l'ai ! Une énorme souris ! *(Gros Minet se débat)* Oh la la, mais elle a mangé du lion cette souris.

KIT KAT
Elle est forte comme un bœuf !

GROS MINET *(excédé)*
Triple buse, vous êtes bêtes ou quoi ? C'est moi, Gros Minet !

GARFIELD
Oups ! Tu sais bien que dans le noir....

KIT KAT
... on est myopes comme des taupes !

GROS MINET
Et bien servez-vous de vos moustaches et reniflez ! Vous avez une cervelle de moineau ou quoi ?

Les chats reniflent jusqu'à ce que leurs trois museaux repèrent les opossums.

GARFIELD
J'ai trouvé !

KIT KAT
Moi aussi !

GROS MINET
Moi aussi

LES TROIS CHATS *(se pourléchant les babines)*
On va se régaler !

GARFIELD
En plus, elles roupillent.

KIT KAT
Trop fastoche pour les capturer !

GROS MINET *(perplexe)*
Mais qu'est-ce que c'est ? Y'a anguille sous roche !

KIT KAT *(étonné)*
Elles sont suspendues par leurs queues !

GARFIELD *(ébahi)*
C'est complètement fou ! Mais comment on fait pour les attraper ?

GROS MINET
Alors là, je donne ma langue au chat ! Si les souris deviennent rusées comme des renards, on n'a plus qu'à se mettre au régime !

GARFIELD *(coquet)*
J'ai toujours rêvé d'avoir une taille de guêpe !

Garfield et Kit Kat rient.

GROS MINET *(démoralisé)*
Vous êtes trop idiots tous les deux ! Bien je vous laisse avec votre appétit d'oiseau. Moi, j'ai d'autres chats à fouetter ! Je vais chasser ailleurs !

Gros Minet sort.

GARFIELD
Quel ours mal léché ce Gros Minet !

KIT KAT
Toujours à monter sur ses grands chevaux !

GARFIELD
Quand il a l'estomac vide, il est d'une humeur terrible !

KIT KAT
Il vaut mieux qu'on aille le rejoindre !

GARFIELD
T'as raison ! Revenons à nos moutons !

Les chats se heurtent aux opossums en sortant.

La suite au
www.togetheatre.com

www.ingramcontent.com/pod-product-compliance
Lightning Source LLC
Chambersburg PA
CBHW071311060426
42444CB00034B/1927